행복한 사거리 인생

# 행복한 사거리 인생

초판 1쇄 인쇄 | 2021년 04월 30일
지은이 | 마상만(시몬)
펴낸이 | 이재욱(필명:이승훈)
펴낸곳 | 해드림출판사
주 소 | 서울 영등포구 경인로82길 3-4(문래동1가 39)
　　　　센터플러스빌딩 1004호(07371)
전 화 | 02-2612-5552
팩 스 | 02-2688-5568
E-mail | jlee5059@hanmail.net

등록번호　제2013-000076
등록일자　2008년 9월 29일

ISBN　979-11-5634-455-1

# 행복한
# 사거리
# 인생

마상만(시몬) 에세이집

## 100세 시대의
## 행복한 삶을 위하여

일거리

즐길거리

먹거리

볼거리가 있어야 한다.

'끝없는 도전', '새로운 창조'

내가 일거리를 수행할 때 나의 신념이며 경영철학이다.

기대 수명이 늘어나 100세 시대를 걱정이 아닌 기대로 살려면 일거리가 반드시 있어야 한다.

The most important thing is to enjoy your life to be happy. It's all that matters.
　　　　　　　　　　　　　　- Audrey Hepburn -

　내 인생의 즐길거리를 풍만하게 해주는 최고의 명언이며 가장 좋아하는 말이다.
　행복을 위한 최고의 조건은 인생을 즐기는 것이다.

　배부르게, 맛있게, 멋있게
　먹고 싶은 것이 있으면 언제 어디서든 먹거리를 해결할 수 있는 기본 경제력을 갖추어야 한다.

　볼 見 (대충 남만큼 살며 내가 보는 주관적인 삶)
　볼 視 (열심히 살며 남들에게 보이는 객관적인 삶)
　볼 診 (정확히 진단하여 확실한 삶) 거리

똑같이 본다는 뜻을 가진 한자이지만 보는 시각에 따라 의미가 달라진다.

나는 인생 전반기에는 남들만큼 대충 열심히 살았다. 이제 인생 후반부는 정확하고 확실하게 살려고 한다. 그래서 가족은 물론 내 주변이 잘되어 볼(診) 거리가 많아졌으면 좋겠다.

나는 숫자 중에 4를 좋아한다. 4남으로 태어난 외에 뚜렷한 이유가 없지만, 그냥 좋다.

나는 결혼식도 4월 4일 4시에 했다. 444 효과 덕분에 지금까지 아무 탈 없이 잘살고 있다.

MBA(경영학 석사)를 마치고 벤처기업을 경영하고 있으며 중소기업 신지식인으로 선정되어 활동하기도 하였다. 지금도 중소벤처기업 경영을 하고 있으며 청년창업 및 마케팅 지원을 위한 멘토로도 활동 중이다.

Prologue

## 100세 시대 살아가기

인생의 전반기에는 남들만큼 살기 위해 그리고 지금까지 남들보다 잘살기 위해 수많은 시간과 노력을 기울여 온 것이 사실이다. 하지만 인생의 후반에는 확실히 행복을 추구하는 즐기는 생을 살고 싶다.

이 책은 자신에게 주어진 인생에 만족해하며 사는 사람들보다는 불만족스러운 사람들을 위한 책이다.

인간은 태어나서 죽을 때까지 많은 일을 접하며 살아간다. 그 일 중에 가장 좋은 일은 자기가 좋아하고 잘할 수 있는 일 하고 사는 것이 행복하겠지만, 어쩔 수 없이 좋아하지도 않는 일을 하며 살아가는 불행

한 삶을 사는 사람들도 많다.

   좋은 환경에서 자기만족하며 살아가는 사람들도 있지만 그렇지 못한 사람들이 더 많은 것이 현실이기 때문이다.

   어느 쪽이든 일을 계속할 수 있는 사람들은 일이 없는 사람들보다는 행복할 것이다. 그 일거리를 통하여 즐거움을 찾고 경제적인 여유로 먹거리를 찾는다면 그리고 그 잉여물을 베풂으로써 주변 사람들이 잘되어 볼거리가 많아진다면 그것이 진정 행복한 삶이 아니겠는가!

나이가 들어 늙으면 누구나 3가지가 똑같아진다고 한다.

첫째, 외모의 평준화 - 잘생긴 사람이건 못생긴 사람이건 늙으면 외모가 똑같아지고. 둘째, 학식의 평준화 - 많이 배운 사람이나 못 배운 사람이나 써먹지 못하는 것은 똑같은 노인일 뿐이다. 그리고 세 번째는 경제의 평준화 - 돈이 있는 사람은 자식 눈치 때문에 있어도 못 쓰고 돈이 없는 사람은 없어서 못 쓰므로 돈 못 쓰고 사는 삶은 똑같다고 한다.

이제부터 3同 시대를 살아야만 하니 확실한 준비가 필요하다.

인생 후반부 100세 시대를 슬기롭게 살기 위해서는 아날로그적 사고에서 디지털적 사고로의 전환이 필요하다. 디지털은 정확함(診)이 기본이 되어야 한다. 다만 어떤 일들은 적당히 하는 지혜도 필요할 것이다. 아날로그적 사고도 필요하다는 말이다.

인과관계에서는 오히려 적당히 주고받는 아날로그적 사고가 꼭 필요할 때도 있다. 부모와 자식 간의 거래, 스승과 제자 간의 거래에선 더욱 그렇다. 어떤 면에서는 정확한 이해타산적인 디지털 거래보다는 인간 사는 맛이 아날로그적 사고가 좀 더 낫지 않을까?

나이를 먹을수록 입은 닫고 지갑을 열라는 말이 꽤 공감이 가는 요즘이다.

나는 벤처기업을 운영하면서 터득한 것이 있다. 회사의 업무는 디지털적 사고를 가지고 정확하게 그리고 인간관계는 아날로그적 사고를 가지고 적당하게 하는 것이 좋다는 것을. 그리고 디지털 문화인들을 새롭게 봐주고 같이 동화됨이 디지털 세상을 지혜롭게 사는 방법이 아닐까 한다.

내 생각은 인생의 행복 중 가장 기본은 죽을 때까지 일거리가 존재해야 한다는 것이다.

그 일거리를 통하여 즐길거리, 먹거리 그리고 볼거리를 함께할 수 있다면 이보다 더 큰 행복은 없을 것이다.

100세 시대를 걱정이 아닌 기대로 살길 원하는 모든 이에게 이 책을 바친다.

2021년 봄 마상만

볼 見

볼 視

볼 診

### -인생의 전반부-

내 방식대로의 삶
남만큼 살기 위해
열심히

### -인생의 중반부-

남들에게 잘 보이는 삶
남보다 잘살기 위해
적극적으로

### -인생의 후반부-

현재에 만족하는 정확한 삶
사거리 인생(행복)을 위해
확실하게

( 목차 )

8   Prologue - 100세 시대 살아가기
149 Epilogue - 사거리 농장

*Chapter 1*
## 100세 시대를 사는 지혜

21  사거리 인생을 살아라
25  사거리 인생을 사는 방법
29  생계형보다는 혁신형 일거리를 찾아라
33  기가 살아야 운도 산다(자신감을 가져라)
37  즐길거리를 만들어 항상 즐겨라
39  시간을 관리하는 경영자가 되자(자신을 스스로 고용하라)
43  함께하는 즐거움을 느끼며 끊임없이 베풀어라

*Chapter 2*
# 100세 시대를 사는 방법

- 48    일거리 속에서 즐길거리를 찾아라
- 51    좋은 인맥 중 함께할 수 있는 친구를 만들어라
- 55    반려자를 행복하게 해주는 존재가 돼라
- 59    유머와 위트를 생활화하라
- 61    반드시 취미와 운동을 즐겨라
- 63    메모는 필수
- 65    입은 닫고 지갑을 열어라
- 69    사거리 농장을 만들어 인생을 즐겨라

# Chapter 3
## 3同 시대를 대비하라

- 73  3同 시대를 대비하라
- 77  미움받을 나이임을 인지하라
- 81  노여움이 많아지는 나이
- 85  노쇠(Frailty)와 노화(Aging)
- 87  노인 등급 중 나는 몇 등급?
- 93  평생 즐거움의 반은 먹는 것에 있다(항상 건강식을 즐겨라)
- 95  자기 관리에 최선을 다한다
- 99  함께하는 즐거움을 느껴라
- 101 인생에는 연장전이 없다

*Chapter 4*
# 100세 시대를 사는 사람들에게 하고 싶은 말

- 106  거울은 절대 먼저 웃지 않는다
- 109  친한 친구 한 명은 반드시 있어야 한다
- 111  항상 긍정적인 마인드를 갖자
- 113  5품을 팔아 좋은 인맥을 만들어라
- 119  나이 먹으면 하고 싶은 말만 하고 듣고 싶은 말만 듣는다
- 122  이제는 쓰고 살자
- 125  나이는 숫자에 불과하다
- 127  현재가 제일 중요하다
- 129  100세 시대를 살아도 인생은 짧다
- 131  건강한 사람이 가장 성공한 사람이다
- 133  인생에는 놀라운 법칙이 있다
- 137  사거리 인생을 못 사는 사람들의 유형
- 139  죽기 전 가장 많이 하는 후회
- 142  병은 잊고 살아야 행복하지 알고 살면 불행하다
- 144  조감도가 영어로 뭐지?
- 146  잘못 알고 있는 지식보다 무지가 낫다
- 148  100세 시대를 살면서 하지 말아야 할 말들

*Chapter 1*
## *100세 시대를 사는 지혜*

## 사거리
## 인생을 살아라

 사람들은 태어나서 죽을 때까지 주어진 환경 변화에 적응하며 각자의 방식대로 삶을 살아간다.
 살아간다는 것은 곧 나이 든다는 것이지만 자신이 나이 들어간다는 사실을 늘 느끼면서 살아가는 것은 아닐 것이다.
 대부분 사람이 살아가는 환경은 다르지만, 성공의 삶을 위해 나이가 들어 은퇴할 때까지 나름대로 열심히 일하며 살아간다.
 그러나 은퇴 후의 삶이 걱정이다.
 성공의 여부를 떠나 손에서 일을 놓는 순간 100세

시대를 사는 기대보다는 걱정이 앞서는 게 사실이다.

그래서 은퇴 후에도 계속해서 할 수 있는 일을 찾아야만 한다.

다만 이제부터는 그 일이 생계형 일이 아니라 혁신적인 일이 되어야만 한다.

지금까지 삶이 가족을 위해서

모으고 저축하는 삶이었다면 앞으로는 쓰고 베푸는 삶이 되어야만 한다. 예를 들어 900만 원을 모았다면 1,000만 원을 채우기 위해 노력하는 일이 아닌 900만 원을 효율적으로 쓰고 남는 것이 있으면 베푸는 그런 혁신적인 삶이 필요한 것이다.

그런 일거리 속에서 즐길거리와 먹거리를 찾고 볼거리를 찾는 사거리 인생을 사는 지혜가 반드시 필요하다.

## 사거리
### 인생을 사는 방법

언제부터인가 잘 먹고 잘살자는(Well-being) 시대를 맞이한 적이 있었다. 너도나도 경제와 문화의 발전으로 많은 혜택을 누리며 살았다. 그리고 얼마 후에는 잘 먹고 잘사는 문제보다 인간은 어차피 죽는데 죽을 때 잘 죽자는 Well-dying 시대를 맞이하여 살면서 장례문화가 발달하였다.

잘 먹고 잘살다 때 되면 잘 죽자 하였는데 100세 시대가 돌입하면서 잘 죽기에는 너무 오랜 세월을 기다려야만 하는 장수 시대가 된 것이다.

그래서 어떻게 하면 젊게 살 수 있을까 하는 Anti-aging 시대를 맞이하여 가능한 한 젊게 살려고 하는 노력 중에 이제는 노화는 어쩔 수 없는 현실이 된 것이다.

100세 시대를 잘 사는 방법은 사거리 인생을 살면서 잘 늙는 것이다. 즉 Well-aging 시대가 온 것이다.

## 생계형보다는
## 혁신형 일거리를 찾아라

목구멍이 포도청이란 말이 있다.

먹고사는 문제가 시급한 사람들은 100세 시대를 준비하는 일이 너무도 어렵고 걱정이 앞설 것이며 일거리를 찾아도 아마도 생계형 일거리일 것이다. 하지만 먹고사는 문제가 없는 사람들은 생계형보다는 혁신형 일거리를 갖는 것이 좋을 듯하다.

대부분의 사람은 은퇴를 하면 요식업의 일거리를 많이들 찾지만 성공률이 그리 높지 않은 게 현실이다. 왜냐하면, 목표가 똑같기 때문이다. 일거리 즐길 거리를 목표로 세운 것이 아니라 돈을 버는 것에 목표를 세웠기 때문에 돈을 못 벌면 실패한 것이고 일거리가 줄 뿐만 아니라 즐거움도 사라지기 때문이다. 그래서 좋은 일거리는 자기가 좋아하고 잘할 수 있는 혁신형 일거리가 좋을 것이다.

우리는 도심에서 폐지를 줍는 노인들을 심심치 않게 볼 수 있다. 어느 통계에 의하면 이런 분들이 170만 명을 넘어섰다고 한다.

이처럼 이미 100세 시대를 사는 사회로 접어들었지만, 노인의 빈곤은 좀처럼 개선될 기미가 보이지 않는다. 그 이유는 그분들이 100세 시대를 맞이하게 될지 상상도 못 했으며 준비 또한 못 한 결과이기도 하다.

우리나라 60세 이상 노년층의 20% 정도는 3년 사이에 빈곤층이 되었으며 경제협력개발기구(OECD) 회원국 중 노인 빈곤율 1위(소득 기준)라는 불명예를 안고 있다. 이는 OECD 평균의 4배나 되는 수치라고 한다.

한편, 국내 노인 인구 비율이 오는 2050년에는 세계 2위에 오를 것이라는 전망이 나왔다. 이는 현재 빈곤에 허덕이는 청년층이 50여 년이 지난 뒤 대부분의 '미래 노인'도 가난에서 벗어나기 어려울 것이라는 우울한 전망이 나온 것이다.

그래서 100세 시대를 지혜롭게 살려면 반드시 사거리 인생을 살아야만 한다.

대부분 사람이 인생의 전반기에는 대박을 꿈꾸며 남들보다 잘살기 위해 무리한 삶을 사는 것이 현실이다.

인생의 후반부에는 현명하고 확실한 삶을 살아야만 한다.

그러기 위해서는 대박이 아닌 소박하지만 오래갈 수 있는 혁신형 일거리를 찾고 그 속에서 즐거움과 먹거리를 얻어야만 한다.

이제 우리는 100세 시대를 준비해야만 한다. 그래야만 생계형 폐지를 줍는 일보다는 혁신적인 삶을 살 기회를 마련할 수 있는 삶이 되지 않을까?

## 기가 살아야
## 운도 산다
(자신감을 가져라)

　자기가 좋아하고 잘할 수 있는 일거리 중 자신감을 잃지 않으면 성공률이 높을 것이다.
　기가 살아야 운도 산다는 말이 있듯이 성공 예감은 자신감에서 비롯된다고 해도 과언이 아니다.
　100세 시대를 살기 위해서는 10분 이상 고민하지 말자.
　뭔지 모르지만 안갯속인 고민은 해결이 안 된다.
　글로 쓸 수 없거나 말로 표현할 수 없다면 그것은 이미 고민이 아니며 말과 글로 표현이 된다면 그 고민은 이미 해결된 것으로 생각하자.

자만심이 아닌 자신감은 사거리 인생을 사는데 필수요소가 될 것이며 긍정적인 삶의 원천은 생활 속 유머와 위트가 될 것이다.

그리고 자신감의 원동력은 건강이다. 100세 시대를 살기 위해 체력을 관리하자.

정신적인 스트레스를 이기려면 건강은 기본이다. 건강과 체력은 다른 사람에게 신뢰를 보이고 열정적인 삶을 사는 바탕이 된다.

체력은 모든 일의 전제조건이다. 자! 지금부터 동네 한 바퀴라도 돌자!

## 즐길거리를 만들어 항상 즐겨라

혁신적인 일거리 속에서 즐길거리를 찾자.

천재는 노력하는 사람을 이길 수 없고 노력하는 사람은 즐기는 사람을 이길 수 없다는 말이 있다.

원래 풍족한 사람보다는 노력해서 성공한 사람이 행복하고, 성공한 사람보다는 삶을 즐기는 사람이 더 행복하다는 말이다.

행복한 100세 인생을 살기 위한 필수요소는 즐길거리를 찾아 인생을 즐기는 것이다.

## 시간을 관리하는
## 경영자가 되자
### (자신을 스스로 고용하라)

그러면 일거리는 언제, 어떻게 만들 것인가 그리고 얼마나 오랫동안 일을 할 수 있을 것인가에 대한 자기 사업을 위한 사업 계획이 필요한 것이다.

젊었을 때 취업을 하거나 사업을 하여 100세까지 장수할 수 있다면 걱정이 없을 것이다. 하지만 어느 시기가 되면 은퇴하게 되고 그 시기가 너무 빠르다면 더 큰 문제가 될 것이다.

그래서 자신만을 위한 자기 사업 계획을 반드시 가져야만 한다.

사업 계획은 자기가 좋아하고 잘할 수 있는 일거

리 중에서 찾도록 하자.

본 저자는 나만의 사업 계획을 만들어 보았다.

바로 사거리 농장을 운영하는 것이다.

이 사거리 농장에서는 평생 일을 할 수 있고 운동은 물론 오락 등 자기 취미생활을 즐길 수 있으며 먹거리를 여유 있게 준비할 수 있다. 그리고 주변 가족과 친구들을 불러 나눔으로 베풂으로써 좋은 볼거리를 많이 만들어 낼 것이다.

사거리 농장의 형태는 조그마한 땅에 유기농 작물을 재배하는 일거리를 늘리고 자기 가족의 먹거리를 충족하고 남는 것은 가공하여 진정한 건강 먹거리로 주변에 팔아 소득을 올리고 그중에 일부는 없는 자들에게 나누고 베풂으로써 행복한 볼거리를 많이 만들어나가면 성공이다.

지금 당장 돈벌이가 되지 않는다고 해도 좋아하고 하고 싶었던 일을 찾아 해 보자. 차별성과 전문성이 무기가 되는 시대라는 점을 기억해라. 옛날에는 단순한 놀이라도 생각했던 것이 사업이 되기도 하고 직업이 되기도 한다. 아무 생각 없이 좋아서 몰두할 수 있는 일을 평생의 동반자로 만들어 보자.

나이를 먹으며 지혜를 쌓아가는 사람이 있지만, 고집을 쌓아가는 사람이 있다. 전자에 해당하면 나이가 문제가 안 된다고 생각할 것이고, 후자에 해당하면 문제가 된다고 생각할 것이다.

100세 인생이라는 그라운드를 뛰고 있는 우리에겐 자기 일에서 끊임없는 도전을 통한 새로운 창조를 이루기 위해 꼼꼼한 전략이 필요하다. 전략이 잘못되면 전술 효과가 없기 때문이다. 주의해야 할 점은 남이 하는 대로 무조건 따라 하는 것이 아니라 자신만의 사업계획을 세워 자신을 스스로 먼저 고용하고 그에 맞는 전략을 세워야 한다.

100세 시대에는 1인 2역을 할 자신이 있어야 한다. 스스로가 고용인이면서 관리하는 경영자이기도 한 것이다. 수많은 인생 경험을 통한 스스로에 대한 집중관리가 인생 후반에 절대적으로 필요하다.

100세의 시대를 맞아 남는 것이 시간이라고 시간을 헛되이 보내지 말자. 돈을 관리하는 것보다 시간을 관리하는 것이 중요한 세상이다. 시간을 관리할 수 있는 자만이 100세 시대를 사는 자격이 있다.

## 함께하는 즐거움을
## 느끼며 끊임없이 베풀어라

좋은 인맥을 만들려면 예전에는 손품, 발품, 머리품을 팔면 되었지만, 이제는 스스로 명품이 되고 베풂이 있어야 한다. 100세 시대를 행복하게 살려면 이 5품 중에 베풂이 으뜸이다.

혼자 가면 빠르게 가지만 지치고 함께 가면 멀리 갈 수 있다는 아프리카 속담이 있다.

인생의 성공을 위해 가는 길은 혼자 갈 수도 있지만, 주변에 같은 목적이 있는 동반자가 있는 게 더 좋다. 내 성공 경험과 다른 사람의 성공담을 모으면 실패 확률을 훨씬 줄일 수 있는 무기가 될 수 있기 때문이다.

혼자서는 성공해도 상처뿐인 영광만 얻게 되지만 다른 사람들과 협조하며 성공의 길을 간다면 쉽고도 빠르게 갈 수 있다.

인생에는 연장전이 없다. 인생의 라운딩이 진행 중일 때 함께 대화하고 즐겨야만 한다.

그리고 함께하는 즐거움을 느끼며 끊임없이 베풀어라 대화의 기본은 진심이다.

*Chapter 2*

## *100세 시대를 사는 방법*

## 일거리 속에서 즐길거리를 찾아라

100세 시대에는 생계형 일거리보다는 내가 좋아하고 잘할 수 있는 혁신형 일거리를 반드시 만들어야 한다.

그 속에서 즐길거리를 찾아 인생을 즐기는 것이다.

자기가 평생을 적응해온 일거리 중에서 찾아도 좋지만 다른 재능이 있는데 실력 발휘를 못 했다면 이제 도전해 보자. 취미생활을 함께 할 수 있는 스포츠 운동이든 악기를 다루는 음악이든 말이다.

그리고 친구와 함께 즐길 수 있는 내용이면 더욱 좋을 것이다.

## 좋은 인맥 중 함께할 수 있는 친구를 만들어라

사람은 태어나서부터 죽을 때까지 수많은 인간관계 속에서 살아가고 수많은 일거리 속에서 울고 웃으며 나름대로 자아를 실현하며 인생의 성과를 평가하며 삶을 지속하며 살아가고 있다.

100세 시대를 사는 부모의 관점에서 자식들한테 해주고 싶은 말 중에 으뜸은 좋은 인맥을 찾아 만나라고 조언해 주고 싶다.

어린 시절을 부모의 보호 아래 대부분 부모의 의지대로 살지만, 성인이 된 후 사회로 나오게 되면 많은 사람과 인맥을 형성하며 살게 된다. 그 과정에서 좋은 인맥을 형성하는 것이 인생 성공의 지름길인 것이다.

蓬生麻中 不扶而直(봉생마중 불부이직)이란 말이 있다.

쑥이 제멋대로 삐뚤빼뚤 척박한 땅에서 자라다가 인삼밭을 만나면 그때부터 쑥 생이 달라진다는 거다.

인삼의 영양분을 받아먹어 곧바로 쑥쑥 잘 자라고 영양분도 좋다는 것이다.

사람도 살면서 누굴 만나느냐에 따라 인생이 달라질 수 있는 것이다.

부모는 어쩔 수 없는 만남의 인연이지만 그 나머지의 만남은 얼마든지 새롭게 만들 수 있는 인연이다.

우리 부모는 잘났던 못났던 나에게 최선을 다한 부모로 이해해 주면 되는 것이다.

자식의 성공을 위하여 물심양면으로 노력하는 부모의 마음이야 똑같겠지만 각자의 경제 사정에 따라가는 길이 다를 수 있다. 그러나 경제 사정과 관계없이 인맥을 형성하는 것은 누구든지 자신의 노력에 따라 이루어질 수 있는 것이다.

이 인맥에 따라 일거리 환경이 달라지고 그 환경에 따라 삶의 질이 달라질 수 있는 것이며 바로 인생이 바뀌는 것이다.

수많은 사람들과의 교류하면서 좋은 인맥이 쌓이면 그만큼 좋은 일거리도 많아질 것이다.

그 많은 일거리 속에서 행복한 삶이 만들어진다면 그것이 성공한 인생이 아닐까 생각한다.

## 반려자를 행복하게 해주는 존재가 돼라

노인에도 등급이 있다고 한다.

아무 걱정 없이 신선처럼 사는 1등급 사람이 있는가 하면, 심신이 건강하고 경제적 여유가 있어 편안한 삶을 사는 2등급, 그리고 동심으로 돌아가 청소년 처럼 살며 인생을 즐기는 3등급 노인이다.

나는 3등급 노인의 삶이 소망이며 그렇게 살려고 노력 중이다. 인생을 즐기며 사는 것이다.

그다음이 손주나 보면서 평범하게 사는 일반 등급인 4등급인데 이 등급 내에서 살려면 반려자가 있어야 한다.

반려자를 잃는 순간 6등급(노고)으로 전락하고 만다.

'있을 때 잘해'란 노랫말이 있다. 서로 존재할 때 반려자를 행복하게 해주어야 한다.

젊었을 때 바쁨을 핑계로 잘 못 해준 것을 느끼고 있다면 100세 시대를 사는 방법으로는 반려자에게 잘해주는 것이야말로 최고의 방법이 아닐까 한다.

반려견을 안고 눈치 보는 것보다는 백배 나을 것이다.

어차피 나이 들어 3동(同) 시대가 오면 곁에 남는 사람은 자식도 아닌 반려자뿐일 것이다.

평생의 반려자를 위해에서는 누구보다 먼저 생각하고 베풀며 언제나 최상의 가장 아름다운 고급품을 사서 선물하고 비싸더라도 고급 음식을 대접해야 한다.

## 유머와 위트를 생활화하라

젊은 세대와의 공감을 위해 생활 속의 유머와 위트를 생활화하자.

예를 들어 딸 방이 지저분하다고 할 때 왜 "이리 방이 지저분하니 정리정돈 좀 해"라고 훈계하는 말투보다

"이 방에서는 네가 제일 이쁘네!"라고 은유적인 표현을 쓰는 것도 좋은 대화 방법이다.

100세 시대를 살려면 죽을 때까지 항상 유머와 위트를 잊지 말아야 한다.

## 반드시 취미와 운동을 즐겨라

100세 시대를 살면서 남는 것이 시간이라고 생각하면 안 된다.

남는 시간을 취미생활로 즐겨야 한다. 운동이나 독서 같은 취미로 시간을 보내자.

운동은 근력을 강화해 건강한 삶을 유지해주며 책은 마음의 양식도 되지만 치매 예방에도 도움이 된다.

그리고 악기는 하나 정도는 다룰 수 있도록 하자.

기타, 색소폰, 하모니카 어떤 것이든 좋다 사거리 인생을 사는데 많은 도움이 될 것이다.

## 메모는 필수

　100세 시대를 살기 위해서는 지나온 과거 경험이 많은 도움이 되고 비록 성패와는 관계가 없어도 자신의 인생 경험이 나머지 인생을 사는 데 큰 도움이 될 것이다. 하지만 디지털 시대를 살면서 100세 시대를 감당하기는 어렵다. 특히 정보가 쏟아지는 시대에 인간의 두뇌가 모든 것을 기억할 수는 없다. 따라서 메모의 습관이 필요하다. 순간적으로 떠오른 아이디어는 시간이 지나면 기억할 수 없으므로 항상 메모할 것을 휴대하고 다녀야 한다.

　100세 시대를 살기 위해 꼭 준비하고 명심해야 할 것들이 너무 많으니까

## 입은 닫고 지갑을 열어라

　나이가 들면서 말이 많아진다는 소리를 자주 들을 것이다. 그 이유는 나도 모르게 소외되거나 위축되어 존재감을 과시해 보이려 과장하기 때문이다.

　몇 마디 안 했는데도 상대방이 쓸데없는 잔소리로 인식할 수 있다. 해결책은 하고 싶은 말 반만 하고 지갑을 여는 것이다.
　그래야만 상대방에게 말보다 베풂의 행동으로 보이며 존재감이 상승한다.

대부분의 사람이 가진 게 많을 땐 감추고 가진 게 없을 땐 과시하는 삶을 산다고 하지만 100세 시대를 사는 행복의 비결은 입은 닫고 지갑을 여는 것이다.

지갑을 여는 무언의 대화는 엄청난 가치를 지닌다.

이것이 100세 시대를 사는 지혜이며 행복해지는 비결이다.

## 사거리 농장을 만들어 인생을 즐겨라

사거리 인생을 살기 위해서는 일거리, 즐길거리, 먹거리, 볼거리를 만드는 일이 중요하다. 그렇게 하려면 나만의 사거리 농장을 계획해보자.

조그마한 땅에 농장(스마트팜)을 만들어서 하고 싶은 일을 하며 예쁜 카페를 만들어 좋은 사람들과 교감을 나누자.

운동(스크린골프) 기구도 설치하여 즐겁게 놀며 수확의 기쁨으로 먹거리를 만들고 볼거리가 많아 자식과 친구들이 찾아오는 사거리 농장을 만들어 인생을 즐기는 것이다.

*Chapter 3*

## 3同 시대를 대비하라

# 3同 시대를 대비하라

누구든 3동의 시대는 반드시 온다.

외모의 평준화, 지식의 평준화, 경제의 평준화다
늙어서 볼품없이 외모가 똑같아지고, 많이 배운 사람이나 적게 배운 사람이나 써먹지 못하는 지식이 되고 돈이 많든 적든 자식들의 눈치 보고 못 쓰는 건 똑같다는 말이다.
그래서 인생을 즐기며 사거리 인생을 살아야만 하는 것이다.

자! 이제 3동 시대를 맞아 가면을 벗어 평생 숨겨왔던 자기의 결점을 보여주도록 하자.

마음이 편안해질 것이다.

평생 잘못 알고 있는 지식보다 무지가 낫다는 말이 있다.

우리가 잘못 알고 산 인생 이제 새롭게 시작이다.

## 미움받을
## 나이임을 인지하라

부모는 자식이 어릴 적엔 디딤돌, 나이 들면 걸림돌, 더 늙으면 고인돌이란 말이 있다.

100세 시대를 살려면 누군가의 부모로서 디딤돌 역할에서 끝내야 한다. 오래 살면서 누군가에게 걸림돌이나 고인돌이 되면 불행한 삶을 사는 것이다.

'내 나이가 어때서'라는 가사에는 사랑하기 딱 좋은 나이라고 한다.

하지만 나는 미움받을 나이라고 말해 주고 싶다. 배우자, 자식에게 걸림돌이 되어, 주변 이웃에게 미움받지 않고 살려고 애써야 한다는 뜻이다.

100세 시대를 사는 우리 세대에게 꼭 필요한 말이지만 다음 세대도 이런 생각과 노력을 하고 있다는 걸 이해시키는 것도 중요하다.

3. 3同 시대를 대비하라 | 79

## 노여움이 많아지는 나이

젊어서는 나이 먹는 것이 더 성장하고 커가는 것이고 비로소 나이 들음이 늙어가는 것이다.

나이가 들면서 나타나는 증상이 노여움이다.

왠지 서운하고 섭섭한 마음에 화가 난다.

참아야 하는데 순간을 못 참는다.

그래서 젊은 세대와의 갈등이 야기된다.

자신을 스스로 조절하려면 머리를 사용하고 다른 사람을 조절하려면 마음을 사용해야 함을 알아야 한다.

그리고 나이 들어 스스로가 명품이 되려면 상대방에 대한 배려를 잊지 말아야 하며 인내하는 법을 배워 익숙해져야 한다.

어제는 역사이고 내일은 미스터리 오늘은 선물이라고 생각하자.
말이란 의사소통을 위해 하는 것만은 아니다.
자기가 자신에게 말을 할 수 있고, 절대자인 신과도 대화할 수 있어야 한다.
그리고 해야 할 말과 해서는 안 될 말을 분간하는 방법을 깨우쳐야 한다.
나의 입에서 나오는 대로 뱉는 것은 공해다.
상대방을 즐겁고 기쁘게 해주는 말 힘이 생기도록 하는 말을 연습해보자.
그것이 말 잘하는 법이고 100세 시대를 살아가는 지혜다.

## 노쇠(Frailty)와 노화(Aging)

걱정스러운 삶의 세월은 노쇠(Frailty)를 초래하고 즐기는 삶의 세월은 자연스러운 노화(Aging)를 가져옴을 명심하라.

노화는 막을 수 없지만, 노쇠는 막을 수 있다

건강하고 활기찬 노년의 삶을 보내기 위해서는 노쇠를 최대한 늦추어야 한다.

노화한다고 꼭 노쇠하는 것은 아니다.

언젠간 노쇠가 온다 해도 노쇠에 따르는 불편함과 고통을, 고통으로 생각지 말고 당연한 것으로 자연스럽게 수용하자. 늙는 건 당신 잘못이 아니라 세월 탓이다.

## 노인 등급 중
## 나는 몇 등급?

**1등급 노선(老仙)은,**

늙어가면서 아무 걱정 없이 신선처럼 사는 사람이다. 삶에 아무런 걸림 없이 살다 무심히 자연 따라 돌아갈 뿐이다.

**2등급 노학(老鶴)은,**

늙어서 학처럼 사는 것이다. 심신이 건강하고 경제적 여유가 있어 여행하며 많은 벗과 어울려 노닐며 베풀 줄 안다. 그래서 친구들로부터 아낌을 받는다.

### 3등급 노동(老童)은,

늙어서 동심으로 돌아가 청소년처럼 살며 인생을 즐기는 사람들이다. 수시로 친구들과 어울려 여행도 하고 노래며 춤도 추고 즐거운 여생을 보낸다.

### 4등급 노옹(老翁)은,

문자 그대로 늙은이로 사는 사람이다. 집에서 손주들이나 봐주고 텅 빈 집이나 지켜준다. 어쩌다 동네 노인정에 나가서 노인들과 화투나 치고 장기를 두기도 한다.

### 5등급 노광(老狂)은,

미친 사람처럼 사는 노인이다. 함량 미달에 능력은 부족하고 주변에 존경도 못 받는 처지에 감투 욕심은 많아서 온갖 장은 도맡아 한다. 돈이 생기는 곳이라면 최면 불사하고 파리처럼 달라붙는다. 권력의 끄나풀이라도 잡아 보려고 늙은 몸을 이끌고 끊임없이 여기저기 기웃거린다.

### 6등급 노고(老孤)는,

늙어가면서 아내를 잃고 외로운 삶을 보내는 사람이다. 이십 대의 아내는 애완동물들같이 마냥 귀엽기만 하다. 삼십 대의 아내는 기호 식품 같다고 할까, 사십 대의 아내는 어느덧 없어서는 안 될 가재도구가 돼버렸다. 오십 대가 되면 아내는 가보의 자리를 차지한다. 육십 대의 아내는 지방 문화재 하거나 할까 그런데 칠십 대가 되면 아내는 국보의 위치에 올라 존중을 받게 된다. 그런 귀하고도 귀한 보물을 잃었으니 외롭고 쓸쓸할 수밖에…….


### 7등급 노궁(老窮)은,

늙어서 수중에 돈 한 푼 없는 사람이다. 아침 한술 뜨고 나면 집을 나와야 한다. 갈 곳이라면 공원 광장뿐이다. 점심은 무료 급식소에서 해결한다. 석양이 되면 내키지 않는 발걸음을 돌려 집으로 들어간다. 며느리 눈치 슬슬 보며 밥술 좀 떠 넣고 골방에 들어가 한숨 잔다. 사는 게 괴롭다.

**8등급 노추(老醜)는,**

늙어서 추한 모습으로 사는 사람이다. 어쩌다 불치의 병을 얻어 다른 사람 도움 없이는 한시도 살 수 없는 못 죽어 생존하는 가련한 노인이다.

나는 과연 몇 등급에 속할까 생각해 보자.
가능하면 3등급이 좋지만, 적어도 4등급 이내에서 100세 시대를 맞이해야 하지 않을까?

## 평생 즐거움의 반은 먹는 것에 있다
### (항상 건강식을 즐겨라)

인생 사거리 중에 행복을 풍만하게 해주는 것이 바로 먹거리이다.

3동 시대에는 어떤 음식이든 항상 맛있게 그리고 멋있게 먹자.
그리고 남는 것이 있으면 남을 위해 베풀자.

그리고 주변의 좋은 친구들에게 건강식을 대접하며 함께 즐기는 삶이 필요하다.

## 자기 관리에
## 최선을 다한다

3동 시대 볼품없는 외모의 평준화 시대를 산다 해도 자기 관리에 최선을 다해야 한다.

내적, 외적인 몸치장을 철저하게 잘하고 자신만만하게, 당당하게 살며 몸과 마음을 잘 가꾸는데, 신경 써야만 한다.

항상 주변 청결에 신경쓰며 특히 냄새에 민감해야 한다.

음식을 먹고 나면 양치질은 필수이고 외출 시에

청결함과 깔끔함은 100세 인생들의 예의이다.
과하지 않은 향수를 사용하는 것도 괜찮다.

어울리지도 않는 유행을 따르려 하지 말고 자신의 나이에 걸맞은 fashion을 추구하고 항시 최신의 시대 흐름에 뒤지지 말아야 한다.

자기 브랜드 가치를 높이는 일에 게으름은 금물이다. 화장이 변장으로 불릴 때 우리는 늙어가고 있음을 인식해야만 한다.

## 함께하는
## 즐거움을 느껴라

혼자 가면 빠르게 가지만 지치고 함께 가면 멀리 갈 수 있다는 아프리카 속담이 있다.

인생 사거리 농장에서 인생의 마지막 성공을 위해 가는 길은 혼자 갈 수도 있지만, 주변에 같은 목적이 있는 동반자가 있는 게 더 좋다. 내 성공 경험과 다른 사람의 성공담을 모으면 실패 확률을 훨씬 줄일 수 있는 무기가 될 수 있기 때문이다. 혼자서는 성공해도 상처뿐인 영광만 얻게 되지만 다른 사람들과 협조하며 성공의 길을 간다면 쉽고도 빠르게 갈 수 있지 않을까?

## 인생에는
## 연장전이 없다

　인생은 자기가 스스로 써온 시나리오에 따라 자신이 연출하는 자작극이라 할 것이다. 나는 여태껏 어떤 내용의 각본을 창작해 왔을까, 아무리 생각해도 이젠 고쳐 쓸 수가 없다. 희극이 되든 비극이 되든 아니면 해피엔드로 끝나든 미소 지으며 각본대로 열심히 연출할 수밖에…….

　이제부터 100세 인생 라운딩 행진이다.

　인생의 라운딩이 진행 중일 때 함께 대화하고 즐겨야만 한다. 과거에 생각 못 했다고 포기해서는 안 된다. 생각 없이 사는 것은 삶이 아니라 의미 없는 생존일 뿐이다.

우리가 살아온 발자취는 영원히 지워지지 않는다.

인생에는 연장전이 없다. 더 미루지 말고 하루에 크건 작건 좋은 일을 하자.

그것이 자신의 삶을 빛나게 할 뿐 아니라 사람답게 사는 일이다.

좋은 일 하는 사람의 얼굴은 아름답게 빛난다.

마음에 행복이 가득하기 때문이다. 100세 시대를 사는 모든 이에게 꼭 해주고 싶은 말이 있다.

내가 젊어서 배울 때는 약자에게는 아량을, 강자한테는 도덕성을 보이는 것이 진정한 승자의 용기라고 배웠다. 이제 마지막 승자의 용기는 진심을 담은 대화이다.

대화의 기본은 진심인 것이다. 그리고 끊임없이 베푸는 것이다.

*Chapter 4*

## *100세 시대를 사는 사람들에게
하고 싶은 말*

## 거울은
## 절대 먼저 웃지 않는다

100세 시대를 준비하는 기성세대와 향후 100세 시대를 맞이할 젊은 세대들에게 말하고 싶다.
거울은 절대 먼저 웃지 않는다고, 우리나라 사람들은 한이 많은 민족이라 그런지 미소에 인색하다.

거울을 보고 한번 웃어보자 분명 거울도 따라 웃을 것이다.

## 친한 친구 한 명은
## 반드시 있어야 한다

100세 시대에 외롭지 않게 살려면 인생의 동반자가 필요하다. 부부가 친구같이 금실이 좋다면 더 할 수 없이 좋다.

하지만 언젠가 혼자 남겨진다면 함께할 수 있는 친한 친구 한 명쯤은 있어야겠다.

당신의 고민을 자존심을 건드리지 않고, 속 시원히 들어줄 수 있는, 돈을 꾸어줄 수 있는 친구를 한 명쯤 알고 있다면 마음이 한층 여유롭고 든든해질 것이다.

## 항상 긍정적인 마인드를 갖자

 속도의 시대를 살면서 수많은 사람이 성공과 실패를 겪고 산다.
 특히 실패를 겪는 사람들의 부정적인 마인드가 100세 시대를 사는 데 걸림돌이 될 것이다.

 어떻게 성공하느냐도 중요하지만, 어떻게 실패를 극복하느냐가 더 중요하다. 실패의 그늘을 벗어날 수 있는 가장 좋은 방법은 늘 긍정적으로 생각하는 것이다. 사거리 인생을 사는 핵심 요소 중 하나이며 꼭 필요하다.

## 5 품을 팔아 좋은 인맥을 만들어라

좋은 인맥을 만나려면 어떻게 해야 할까?

첫째, 좋은 인맥을 만나기 위해 열심히 발품을 팔고 다녀야 한다.

발품을 파는데 돈이 들지 않는다.

자신이 시간을 투자하는데 게으르지만 않으면 되는 것이다.

둘째, 좋은 인맥을 찾아 항상 생각하며 머리 품을 파는 것이다.

좋은 사람, 훌륭한 사람을 항상 생각하면서 부지런하면 언젠가는 만날 수 있을 것이다.

**셋째,** 좋은 인맥을 만나면 자주 연락을 할 수 있도록 손품을 열심히 팔아야 한다.

이해관계가 있을 때만 연락을 하는 것은 좋은 인맥 관리라 할 수 없다.

언제든지 그냥 안부 인사 정도 할 수 있는 인맥 사이라면 좋은 것이다.

**넷째,** 좋은 인맥을 형성했다면 상대방을 위해 베풂이 있어야 한다.

**다섯째,** 스스로 명품이 되는 것이다.

이렇게 5품을 팔아야 좋은 인맥 만들기에 성공할 수 있다.

좋은 인맥을 만드는 노력이 좋은 일거리를 만들어 내고 오랫동안 일할 수 있는 환경이 만들어지는 것이다.

이 좋은 인맥 중에 100세 시대를 함께할 수 있는 친구 한 명 이상은 꼭 만들자.

그 친구와 내가 택한 일거리 속에서 즐거움을 찾고 그 일거리를 통하여 먹거리가 풍요해진다면 내 인생에 좋은 볼거리가 많아질 것은 자명해진다.

인생의 행복은 일거리, 즐길거리, 먹거리, 볼거리 사거리 인생을 사는 데 있다.

100세 시대를 사는 사람들이 자식들한테 전해 주었으면 해서 좋은 인맥을 만드는 〈7 ㅍ〉를 소개할까 한다.

"젊었을 때는 돈을 빌려서라도 좋은 인맥을 만들어야 한다. 물은 어떤 그릇에 담기느냐에 따라 모양이 달라지지만, 사람은 어떤 친구를 만나느냐에 따라 운명이 바뀐다." 이 글은 일본 아사히 맥주 前 회장, '히구치 히로타로'가 한 말이다. 맥주회사 대표답게 물과 그릇으로 인맥의 소중함을 비유한 것이다.

### 〈7 ㅍ〉

첫째, 품

인맥 만들기는 누가 더 많이, 더 오래 품을 파느냐에 달려있다. 머리 품, 발품, 손품을 아끼지 않고 열심히 실천하는 사람만이 좋은 인맥을 만들 수 있다

100세 시대를 살려면 여기에 스스로 명품이 되고 베풂의 삶이 되어야 한다.

**둘째, 폼**

짧은 만남이 빈번한 현대사회에서 장기적인 관계로 발전되기 위해서는 좋은 이미지, 좋은 첫인상을 줄 수 있도록 자신을 가꿔야 한다. 폼은 결국 어울림이다. 때와 장소, 상황에 맞게 의상, 표정, 자세를 가꿔야 한다.

100세 시대를 살려면 자기 관리에 부지런해야만 한다.

**셋째, 판**

내가 현재 속해있는 판(사회, 네트워크)과 앞으로 가고자 하는 판에 대해 분석하고 이해할 수 있어야 한다. 100세 시대를 잘 살려면 해야 할 일과 하지 말아야 하는 일 구분하고 입은 닫고 지갑은 열라는 말을 명심해야 할 것이다.

**넷째, 패**

다른 사람에게 보여 줄 수 있는 나의 브랜드, 나의 가치가 있어야 한다.

가진 게 많을 땐 감춰야 하고 가진 게 없을 땐 과시

해야만 한다. 하지만 100세 시대에는 감추든지 과시하든지 죽을 때까지 나만의 가치가 있는 패가 확실해야만 한다.

다섯째, 펀(fun)

만남이 즐겁고 유익해야 한다. 일로도, 정신적으로도 즐겁고 생산적인 만남이 돼야 한다.

100세 시대를 살려면 죽을 때까지 항상 유머를 잃지 말아야 한다.

여섯째, 필(feel)

서로에 대해 공감하지 못하면 인간관계가 가까워지지 않는다. 말이 통하고, 느낌이 통하고, 생각이 통하고, 마음이 통해야 한다.

100세 시대에도 필요하다. 특히 젊은 세대와의 소통은 필수다.

일곱째, 편

내 편을 만들지 말고, 먼저 상대방의 편이 되어야 한다. 네 편이 돼 주지 않으면 결코 내 편이 되지 않는다. 100세 시대에는 좋은 친구 한 명이면 족하다 좋은 친구 한 명을 만들기 위해 명심해야 할 말이다.

좋은 인맥을 갖고 싶다면 지금 당장 계획하라! 그리고 지금 전화를 걸어 만나러 나서라! 반드시 좋은 인맥이 얻어질 것이다. 인맥을 만드는 것은 행운이 아니라 노력이다!

## 나이 먹으면 하고 싶은 말만 하고 듣고 싶은 말만 듣는다

　이메일이나 SNS를 멀리하지 말고 항상 세상 뉴스를 듣고, 보고 얘기하자.
　나이가 들면 점쟁이 말은 잘 듣지만 자기주장이 강해져 상대방 말은 잘 들어주질 않는다. 그리고 자기 주관을 관철하기 위해 하고 싶은 말만 한다. 그리고 관철되지 않으면 화를 내곤 한다.

　100세 시대를 여는 첫걸음은 상대방의 말에 귀 기울이고 지갑을 여는 것이다.
　가능한 말은 적게 하고. 남의 말을 잘 경청하는 사

람이 되어야 한다. 듣지 않고 자기 얘기만 떠들어 대면 주위 사람들이 떠난다. 불평, 불만, 비판의 말이 아니라 남이 듣기 좋은 대화의 소재를 찾아라.

젊은 세대를 존중하고 그들의 견해를 존중하라. 조언하되 비평하지는 마라. 미래를 열 사람은 젊은이들이기 때문이다.

정말로 100세 시대 삶에서 필요한 것이 무엇인지 한 번쯤 되돌아보자.

마음속에 진실이 있는 사람은 절대로 자신의 말재주에 대해 걱정할 필요가 없다고 생각한다.

자기만의 독특한 개성과 합리적인 실력이 있다면 비치는 이미지에 대해서도 크게 걱정할 필요가 없지 않을까 하는 생각이다.

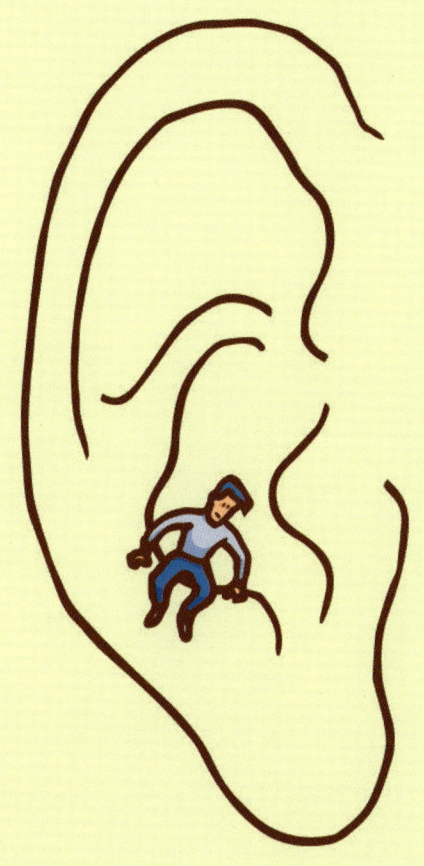

## 이제는 쓰고 살자

 탈무드에 보면 사람에게 상처를 입히는 세 가지가 있는데 그 첫 번째가 고민이고, 두 번째가 말다툼, 그리고 세 번째가 빈 지갑이란다. 그중에서 빈 지갑이 인간에게 가장 큰 상처를 준다는 것이다.

 노년은 그동안 모은 돈을 즐겨 쓰는 시기다. 돈을 축적하거나 신규 투자하는 시기가 절대로 아니다. 자식들에게 휘둘리지 말고 평화롭고 조용한 삶을 찾아야만 한다. 먹고 싶은 것 먹고 사고 싶은 것 사고 가고 싶은 곳 가는데, 돈을 써야만 한다.

 자손들의 재정상태는 그들의 문제이다. 부모가 개

의치 마라. 지금까지 키우고 돌보아 준 것으로 할 일은 다 한 것이다.

## 나이는
## 숫자에 불과하다

건강관리에 최선을 다하라. 건강이 최고다.
건강하게 사는 게 점점 어려워지는 나이니 건강을 지키는 것을 최우선으로 해라.

건강이 허락하는 한 지갑을 열면서 젊은이들과 소통하라 나이를 잊은 채!

## 현재가 제일 중요하다

사소한 일에 스트레스를 받지 마라. 과거의 나쁜 기억은 잊고 좋은 일만을 생각하라.

과거의 10년을 발판 삼아 미래의 10년을 설계하자.

오늘이 행복해야 내일도 행복할 수 있다. 100세 시대의 삶은 현재가 제일 중요하다.

금 중에서도 제일 비싼 금이 지금이지 않은가.

## 100세 시대를 살아도 인생은 짧다

긍정적인 사람들, 명랑한 사람들과 어울려라.

매사에 부정적이고 힘든 날들을 얘기하는 사람들과 어울리기에는 인생은 너무 짧고 남이 나에 대해 한 말이나 나를 어떻게 생각할 것인지에 대해 신경 쓰지 마라.

100세 시대를 살려면 휴식하며 평화롭고 행복한 시간을 가질 때이다.

그리고 좋은 건 뒤로 미루며 먼저 나쁜 일에 관심을 두기에는 인생은 너무나 짧다.

## 건강한 사람이 가장 성공한 사람이다

재산은 건강할 때는 자산, 건강을 잃으면 유산이란 말이 있다. 건강을 잃으면 전부를 잃는다는 말일 것이다.

건강한 사람이 가장 부자요
건강한 사람이 가장 행복한 사람이요
건강한 사람이 가장 성공한 사람이며
건강한 사람이 세상을 가장 잘살아온 사람이다.

## 인생에는
## 놀라운 법칙이 있다

잠을 자면 꿈을 꾸지만 깨어있으면 꿈을 이룬다는 말이 있다. 나이들어 할일이 없어 누워있거나 잠만잔다면 100세 시대를 잘못 사는 것이다.

100세 인생을 준비하는 사람 역시 자기 자신이 믿고 생각한 대로 삶은 흘러가며 세상은 무엇이든 시도하는 사람에게 길을 열어준다.

성공이 행복을 부르는 게 아니라 행복이 성공을 부른다는 것, 그리고 즐거운 마음으로 일할 때 성공할 확률은 반반이지만 싫은 일을 하는 사람이 성공할 확률은 전혀 없다는 것을 알아야 한다.

  오늘도 내일도 즐겁고 행복한 마음으로 당신의 하루를 만들어 가는 것이야말로 100세 시대를 사는 지혜이며 분명 당신이 바라는 모든 순간이 펼쳐질 것이다.

## 사거리 인생을
## 못 사는 사람들의 유형

과거의 생각에 집착한다(Latte is horse, 나 때는 말이야).

실패자는 흔히 과거에는 잘 나갔다느니 하면서 현실에 돌아오지 못하고 과거에서 머무르는 경우가 많다.

실패를 통해 성공을 얻을 방법을 배울 수 있지만, 자기 비난으로 더 발전을 기대할 수 없게 된다.

100세 시대를 걱정보다는 기대로 살 수 있다면 이것이 사거리 인생일 것이다.

# 죽기 전
# 가장 많이 하는 후회

- 난 나 자신에게 정직하지 못했다.
  내가 살고 싶은 삶을 사는 대신 내 주위 사람들에게 보여주기 위한 삶을 살았다.

- 일에 너무 많은 시간을 써버렸다.
  가족과 시간을 더 많이 보냈어야 했다. 어느 날 돌아보니 애들은 이미 다 커버렸고 배우자와의 관계는 서먹해져 있었다.
  다시 살 수 없는 것이므로, 이 일만 끝내고, 저 일만 끝나고….

그렇게 미루어서는 안 되는 것이었다.

- 내 감정을 주위에 솔직하게 표현하며 살지 못했다.
  내 속을 터놓을 용기가 없어서 순간순간의 감정을 꾹꾹 누르며 살다가 미칠 지경까지 이르기도 했다.
  더욱 중요한 것은 사랑한다고 말했어야 할 사람에게 사랑한다고 말하지 못했고, 용서를 구해야 할 사람에게 용서를 빌지 못했다.

- 친구들과 연락하며 살았어야 했다.
  다들 죽기 전 얘기하더라고 한다.
  "그 친구 OOO 꼭 한번 봤으면…."

- 행복은 결국 내 선택이었었다.
  훨씬 더 행복한 삶을 살 수 있었는데, 추락을 두려워하여 변화를 선택하지 못했고, 튀면 안 된다고 생각해 남들과 똑같은 일상을 반복했다.
  더욱 놀라운 사실은 이것이었다.

우리가 살아서 가장 많이 하는 말들인,
"돈을 더 벌었어야 했는데…."
"궁궐 같은 집에서 한번 살았었으면…."
"고급 차 한번 못 타봤네…."
"애들을 더 엄하게 키웠어야 했는데…."
라고 말한 사람은 아무도 없었다는 것이었다.

## 병은 잊고 살아야 행복하지
## 알고 살면 불행하다

언젠가 협착증으로 허리가 아파 고생한 적이 있다.

매일 병원에 다니며 진통제를 맞고 재활 처방을 받았지만 좀처럼 나아지질 않았다. 이렇게 살면 무슨 의미가 있을까 고민하던 차에 명의를 만났다. 내가 다니던 병원 의사에게 진심 어린 상담을 한 결과 의외의 처방이 내려졌다. 그 처방은 병원에 오지 말라는 것이었다. 지금의 고통을 인내할 수 있도록 생활화하고 인내하다 정 못 견디겠으면 그때 오라는 것이었다.

나는 일리가 있다고 생각하여 고통을 하루의 일과로 생활화하며 몇 개월을 병원에 가지 않았다. 정말 그 의사의 말대로 진통의 증세가 나아지고 있음을 깨달았다.

그 후 병원에서 검사 결과 협착 증세가 호전되었음을 알았고 지금은 말끔히 나아 정상적인 사회생활을 하고 있다.

우리는 대부분 나이가 들면 병원 가까이서 살려고 한다. 병이 들면 불안해서 그럴 것이다. 하지만 아픈 것에 관심을 두고 살면 정상적인 삶을 잊고 사는 것이다.

병은 잊고 살면 병이 아니고 알고 살면 병 된다는 말을 새겨들어야겠다.

## 조감도가 영어로 뭐지?

머리 위로 걱정과 근심의 새가 날아다니고 있다.
이들이 머릿속에 둥지를 틀지 않도록 하라!
학창 시절에 어느 교수님이 갑자기 질문을 던졌다.
"건축에서 쓰이는 조감도가 영어로 뭔지 아는 사람?"
수강생 중에 손을 들고 답변하는 학생이 아무도 없었다.

鳥瞰圖(Bird's eye view)
새(鳥) : Bird, 눈(瞰) : eye, 보는(圖) : view 이것이었다.

순간 전문용어라 어렵게만 생각했지만, 잘 생각해 보니 아주 단순한 영어 단어였다.

새는 날지 않으면 굶어 죽는다. 날아서 먹이를 찾아야만 살 수 있는 것이다. 사람도 움직이지 않으면 죽은 목숨과 똑같다. 젊든 늙든 움직여야 산다. 젊어서는 생계형 일거리를 늙어서는 혁신형 일거리를 찾아 부지런히 움직여야 한다.

100세 시대를 맞는 우리 모두 지금 어디에 있느냐보다 앞으로 어디로 갈 것인가를 아는 것이 더 중요하고 어디로 어떻게 움직일 것인가에 대한 감(感)을 길러야 한다.

## 잘못 알고 있는 지식보다 무지가 낫다

　잠자는 사람은 깨울 수 있어도 잠자는 척 자는 사람은 깨울 수 없다는 말이 있다. 평생 아는 척하면서 살아온 사람은 이해 설득시키기가 힘들다
　다시 말하면 불행한 사람은 행복해질 수 있지만, 불행한 척하는 사람은 행복해질 수 없다는 말이다.

　이제부터 100세 시대를 살려면 내가 알고 있는 지식보다는 객관화된 남들이 알고 있는 정확한 지식을 알아야 한다. 그러기 위해서는 내가 평생 살면서 척하며 살아온 잘못된 지식을 버려야 한다.

　예를 들면 상대방과 대화할 때 특히 젊은 사람들과 대화할 때 "내가 알기에는"이란 말 대신 정확한 정보에 의한 표현을 하여야만 한다. 모르거나 정확한 지식이 아니면 함구해야 한다.
　잘못 알고 있는 지식보다는 차라리 무지가 낫다.

## 100세 시대를 살면서 하지 말아야 할 말들

- 하고 싶지만, 시간이 없어
- 인맥이 있어야 뭘 하지
- 이 나이에 뭘 할 수 있겠어
- 왜 나에겐 걱정거리만 생기지
- 이런 것도 못 하다니, 난 실패자야
- 사실 난 용기가 없어
- 사람들이 날 화나게 해
- 오랜 습관이라 버리기 어려워
- 그건 내가 할 수 있는 일이 아니야!
- 맨정신으로 살 수 없는 세상이야
- 가만히 있으면 중간이나 가지
- 난 원래 이렇게 생겨 먹었어
- 상황이 협조를 안 해줘
- 나(우리 시대)는 이제 끝났어

*Epilogue*

## 사거리 농장

Epilogue

## 사거리 농장

띠거리 농장에서 일하는 즐거움
100세 시대를 준비하라!

우리는 젊었을 때는 일의 중독자처럼 열심히 목표를 이루며 살아간다. 그 수많은 일거리 속에서 성취를 느끼기도 하고 실패와 갈등 속에서 인내하며 작은 행복을 찾아 살아가고 있다. 하지만 어느 순간 내 손에서 일거리가 없을 때 좌절감과 우울감을 느낀다. 100세 시대를 맞아 사람들은 일거리를 통하여 작은 행복의 연속선 상을 유지하여 오랜 행복을 찾고

싶은 것이다.

생계형 일거리는 돈을 버는 것이 목적이지만, 혁신형 일거리는 일속에서 즐거움을 찾는 것이 목적이다.

이 혁신형 일거리를 통해 자기가 좋아하는 즐길거리를 누리며, 그 일거리를 통한 잉여물로 먹거리를 채우고 남는 것으로 베풂을 통한 주변의 좋은 볼거리를 만 들어 가는 것이 이상적인 행복이 아닐까?

100세 시대를 준비하는 자들이여 지금부터 혁신형 일거리가 충만한 인생 사거리 농장을 찾아 떠나길 바란다.